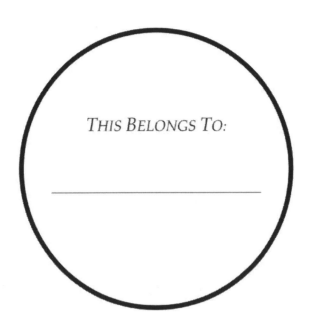

THIS BELONGS TO:

_____

Designed by: *The Blank Book M.D.*

Date: 4/5/18   *Today I am grateful for . . .*

I am grateful for kim
because she got this
book for me and
she is a good role model

Date: /   /   Today I am grateful for . . .

Date: / /   *Today I am grateful for . . .*

Date: /   /   Today I am grateful for . . .

Date: /   /   Today I am grateful for . . .

Date: /   /   *Today I am grateful for . . .*

Date: /   /   *Today I am grateful for . . .*

Date: /   /   Today I am grateful for . . .

Date: /   /   *Today I am grateful for . . .*

Date: /   /   *Today I am grateful for . . .*

Date: /   /   *Today I am grateful for . . .*

Date: /   /   *Today I am grateful for . . .*

Date: /   /   *Today I am grateful for . . .*

Date: /   /   *Today I am grateful for . . .*

Date: /   /   *Today I am grateful for . . .*

Date: /   /   Today I am grateful for . . .

Date: /   /   *Today I am grateful for . . .*

Date: /   /   *Today I am grateful for . . .*

Date: /   /   *Today I am grateful for . . .*

Date: /   /   *Today I am grateful for* . . .

Date: /   /   *Today I am grateful for . . .*

Date: /   /   *Today I am grateful for . . .*

Date: /   /   *Today I am grateful for . . .*

Date: /   /   Today I am grateful for . . .

Date: /   /   *Today I am grateful for . . .*

Date: /   /   Today I am grateful for . . .

Date: /   /   *Today I am grateful for . . .*

Date: /   /   Today I am grateful for . . .

Date: /   /   Today I am grateful for . . .

Date: / / *Today I am grateful for . . .*

Date: /   /   *Today I am grateful for . . .*

Date: /   /   *Today I am grateful for . . .*

Date: /   /   *Today I am grateful for . . .*

Date: /   /   *Today I am grateful for . . .*

Date: /   /   *Today I am grateful for . . .*

Date: /   /   *Today I am grateful for . . .*

Date: /   /   *Today I am grateful for . . .*

Date: /   /   Today I am grateful for . . .

Date: /   /   *Today I am grateful for . . .*

Date: /   /   *Today I am grateful for . . .*

Date: /   /   *Today I am grateful for . . .*

Date: /   /   Today I am grateful for . . .

Date: /   /   *Today I am grateful for . . .*

Date: /   /   Today I am grateful for . . .

Date: /   /   *Today I am grateful for . . .*

Date: /   /   Today I am grateful for . . .

Date: /   /   *Today I am grateful for . . .*

Date: /   /   *Today I am grateful for . . .*

Date: /   /   *Today I am grateful for . . .*

Date: / / *Today I am grateful for . . .*

Date: /   /   *Today I am grateful for . . .*

Date: /   /   *Today I am grateful for . . .*

Date: / / *Today I am grateful for . . .*

Date: /   /   Today I am grateful for . . .

Date: /   /   *Today I am grateful for . . .*

Date: /   /   *Today I am grateful for . . .*

Date: /   /   Today I am grateful for . . .

Date: /   /   *Today I am grateful for . . .*

Date: /   /   Today I am grateful for . . .

Date: /   /   *Today I am grateful for . . .*

Date: /   /   *Today I am grateful for . . .*

Date: /   /   *Today I am grateful for . . .*

Date: /   /   Today I am grateful for . . .

Date: /   /   *Today I am grateful for . . .*

Date: /   /   *Today I am grateful for . . .*

Date: /   /   *Today I am grateful for . . .*

Date: /   /   *Today I am grateful for . . .*

Date: /   /   *Today I am grateful for . . .*

Date: /   /   *Today I am grateful for . . .*

Date: /   /   Today I am grateful for . . .

Date: /   /   *Today I am grateful for . . .*

Date: /   /   *Today I am grateful for . . .*

Date: /   /   *Today I am grateful for . . .*

Date: /   /   *Today I am grateful for* . . .

Date: /   /   *Today I am grateful for . . .*

Date: /   /   *Today I am grateful for . . .*

Date: /   /   Today I am grateful for . . .

Date: /   /   *Today I am grateful for . . .*

Date: /   /   *Today I am grateful for . . .*

Date: /   /   *Today I am grateful for . . .*

Date: /   /   Today I am grateful for . . .

Date: / /   *Today I am grateful for . . .*

Date: /   /   *Today I am grateful for . . .*

Date: /   /   *Today I am grateful for . . .*

Date: /   /   *Today I am grateful for . . .*

Date: /   /   *Today I am grateful for . . .*

Date: /   /   *Today I am grateful for . . .*

Date: /   /   *Today I am grateful for . . .*

Date: / /   *Today I am grateful for . . .*

Date: /   /   *Today I am grateful for . . .*

Date: /   /   Today I am grateful for . . .

Date: /   /   Today I am grateful for . . .

Date: / /   *Today I am grateful for . . .*

Date: /   /   *Today I am grateful for . . .*

Date: /   /   Today I am grateful for . . .

Date: /   /   Today I am grateful for . . .

Date: /   /   Today I am grateful for . . .

Date: /   /   Today I am grateful for . . .